OANA MIHAI

Braille.
Scrisori către un iubit orb

SELF PUBLISHING

Redactor : Delia Petrescu
Tehnoredactor : Adrian Valentin Stoichiţoiu
Design copertă: self-publishing.ro

Descrierea CIP a Bibliotecii Naţionale a României
MIHAI, OANA
Braille. Scrisori către un iubit orb / Oana Mihai. –
Bucureşti : Self Publishing, 2013
ISBN 978-606-93623-2-7
821.135.1-93-1

Self Publishing România este o platformă online dedicată publicării, tipăririi, promovării şi distribuţiei naţionale şi internaţionale a cărţilor autorilor români.

Orice autor care publică la Self Publishing îşi poate vedea cartea în librării în 30 de zile şi mai puţin.

Intră pe site şi publică-ţi cartea sau scrie-ne pe adresa
office@self-publishing.ro
www.self-publishing.ro

COMENZI PENTRU CITITORI,
LIBRĂRII, BIBLIOTECI, DEPOZITE DE CARTE

comenzi@self-publishing.ro
tel. 0740 530 111

Cuprins

Le mulțumesc tuturor celor care astazi
sunt în inima mea.

Braille

Îţi scriu ca unui iubit orb,
În alfabetul Braille, la mine pe corp,
Versuri, cântece şi dulci poeme –
Sunt partiturile iubirii, nu te teme.
Să nu vorbeşti, doar să citeşti
Cu vârful degetelor, să le urmăreşti.
Pe frunte-mi desenez o stea de mare
Să îi ghiceşti magia din culoare.
Şi îmi atârn cuvinte la urechi
Să le şopteşti perechi, perechi.
Iar de la gât până la umeri
Tu sărutări să pui… Să nu le numeri!
Poţi să le-aşezi într-un şirag
Un colier desăvârşit şi drag.
În dreptul inimii, dacă ajungi,
Să te opreşti, să n-o străpungi…
(Ascultă! Lumea iar a amuţit…)
Acolo-i locul unde te-am zidit.
Cobori apoi domol spre pântec,
Ascultă... mi-am tatuat un cântec,

Buzele tale calde să îl fredoneze,
Când simţurile noastre-s treze.
Şi ţi-am lăsat, pe coapse, scrise
Slovele iubirii nepermise.
Repetă-le acum, şi iar, şi iar…
Căci eşti de-un timp în mine ultimul hotar.
Pe gambe mi-am însemnat catrene…
Ah, le-ai găsit? Citeşte-le o vreme…
Şi-apoi de glezne să îmi legi
Lanţuri de sărutări întregi.
Şi-ntoarce-te… Pe gură pune-mi
O sărutare. Şi încă una… Spune-mi,
Simţi tot? Nu-i aşa că simţi…?
Şi degetele-ţi sunt acum fierbinţi…

Amână...

Nu-mi da drumul la mână!
Amână...
Aud cum blesteme ne-ngână.

Nu-mi da drumul deloc!
Pe loc
Ies demonii dintr-un ghioc.

Să le ținem mai bine legate,
Sudate...
Să nu intre ciuma-n cetate!

Anotimpul în care...

Începe anotimpul în care
noaptea-i mai lungă,
mai lungă,
iar ziua nici măcar nu mai încearcă
să-i fie egală –
a obosit parcă –
şi-ncet noaptea se face stăpână.
Stai pe aproape,
ţine-mă de mână.
Se-apropie noaptea finală.

Anunț neimportant

Pentru toți cei care-au crezut
c-am pășit pe Calea Lactee,
m-am lovit
și-am căzut...
Pentru cei care au auzit
că am trăit o secundă păgână
cu chipul cioplit...
Pentru cei care-au sperat
și-au socotit
că, de atunci, de zeci de ori
am murit...
Anunț neimportant:
e-adevărat,
mi-am lăsat locul în lume vacant.

Ar fi trebuit să se termine demult...

Ar fi trebuit să se termine demult.
Atunci
când eram unul în altul
la fel de adânc şi de pur
cum e, în ziua dintâi,
ţipătul în prunci.
Ar fi trebuit să se termine demult.
Când ne sfărâma pe dinăuntru
aceeaşi nimicitoare durere.
Încă mai erai eu,
încă mai eram tu.
Ar fi trebuit să se termine demult.
Când nepăsarea ta
epuizată, sleită, dar vie
îmi vâna din umbră,
inutil,
sufletul în agonie.
Ar fi trebuit să se termine demult.

Auzi?

Auzi?
Auzi în depărtare?
Pe pietre reci se-ascut topoare.
Şi cad copacii cruzi,
cu lemnul ud.
Ţie îţi bat în cuie un coşciug,
să te îngroape viu,
iar mie îmi ridică rug.

Aripi… rădăcini...

Aveam o dorință firească.
Visam
aripi să-mi crească.
Aripi de heruvimi.
Din rana cea dumnezeiască,
într-o zi mi-au crescut
rădăcini…

Blestem

Te voi iubi mereu!
Mă tem
că nu-i promisiune, ci blestem.
Te voi iubi
şi cu speranţă,
şi cu neputinţă.
Te voi iubi cu ură,
chiar dac-ar fi
să îmi îmbrac
şi mintea, şi sufletu-n armură.
Te voi iubi,
chiar dacă doare.
Te voi iubi
până când unul moare.

Călău

Ce-ar fi mai rău,
să mor fără să ştii
sau să îmi fii călău?

Captivă

Dacă ne-ar fi iubirea
captivă într-un cadran de ceas,
tu știi
cine arăta cu vârful inimii
secundele
și cine nemurirea?

Castre

Mi-aş duce inima-n zidite castre,
s-o apăr de doliu, de dezastre,
şi le-aş picta pe toate-albastre.

Sau aş ascunde-o în vechi altare,
să o păzesc de frici şi de surpare,
de necredinţă, de trădare.

Şi totuşi, am închis-o-n tine,
să o fereşti de funie, de ghilotine.

Cenuşa

Ai aruncat cuvintele
ca pe cenuşa unui mort,
în vânt,
de pe cea mai înaltă
 stâncă a ţărmului
…tăcând.

Cerul interzis

Cerul interzis
mi-a găurit inima
cu lumină
printr-o pâlnie-ntoarsă.
Şi pentru că n-a fost destul,
acum pe-acolo se revarsă
iadul.

Cireş de mai

Dacă aş fi cireş
şi de-ar fi mai,
tot n-aş avea
atâtea flori
şi frunze
câte-mi dai.

Clopoței de vânt

Se-aud în suflet clopoței de vânt
și pași în taină –
îmi treci tu prin gând.

Corăbii în derivă

Ne-au rămas
atâtea întrebări
chinuitoare, fără glas,
pentru care răspunsurile sunt
corăbii în derivă, pe tot atâtea mări;
corăbii care nu vor întâlni
niciodată pământ.

Cu nesaţ, cu furie…

M-acopereai cu sărutări...
şi mâinile, şi ochii, şi părul...
cu nesaţ cu furie,
ca un flămând,
cu lăcomie,
şi nu-ţi era destul.
Îţi răspundeam la fel,
fără să mă satur...
cu nesaţ, cu lăcomie...
Şi lângă noi
moartea prindea contur.
Ne sărutam orbi de iubire
şi muţi.
Iar lângă noi,
soarele cădea-ntre munţi.
Inima mea te chema
şi auzeam cum inima ta mă cere.
M-acopereai cu sărutări,
cu nesaţ, cu furie,
şi nu ştiam...
Tu îţi luai „la revedere".

Cuib

Şi-au făcut păsări cuib
în dorul cald, din mine.
Uneori, tremurătoare,
mai freamătă din aripi
şi-ntreabă de tine.
Alteori, îmi spun
că le e teamă.
Este din ce în ce mai rece,
se face-a toamnă…
şi-i timpul să plece…

Cuvinte şi frunze

S-au scuturat frunzele peste cuvinte,
iar cuvintele au amuţit
de teamă să nu foşnească,
să nu vibreze mai departe
în copacii deja morţi în somn
sau… adormiţi în moarte.

Tăcere veştedă şi-atât.

Daca ți-aş fi spus?

Dacă ți-aş fi spus
că soarele a devenit un punct
prea palid,
prea devreme defunct...

Dacă ți-aş fi spus
că vor arde copacii în mine
şi-or să cadă
cu tot cu umbre în stradă,
de parcă s-ar sinucide....

Dacă ți-aş fi spus
că anotimpul ăsta crud
şi surd
ne-alungă păsările-n nord,
când ele vor să zboare-n sud...

Dacă ți-aş fi spus,
că mă voi stinge în lumina toamnei,
ai fi plâns ?

Carnea timpului

Dacă am sfâşia carnea timpului,
ar ţâşni sângele viu al iubirii
sau otrava amară a uitării?

De-ar fi sufletul

De-ar fi sufletul
din carne-adevărată,
să-l doară durerea,
ca pe un ochi smuls,
ca pe o mână tăiată,
precum o rană
de pumnal, încet crestată...

Şi-aş spune: încă mai pot!
Mai dă-mi, asta e tot?!
Doamne, nu-i destul...
Te rog, însă,
nu-mi lăsa gândul!

Depăşire

Să vorbim despre iubire?
Fie!
Dragostea de tine
e ca o depăşire
peste o dublă linie
continuă.

Deraiere

O deraiere
de la singurătate –
mereu, iubirea.

Deşert

Mi-a plâns cerul ochilor
peste deşertul paşilor tăi.
Aşa s-au născut mările.

Din lacrimi...

Din lacrimi dintr-odată te-aş smulge
iar lacrimile din ochi le-aş scoate.
Ţi-aş spune în şoaptă: ajunge!
Să fie ultima din toate, din toate...

M-aş dezgoli de tine până
în carne vie, în rană vie,
iar din iubirea ta păgână,
doar moartea poate să mă-nvie.

Te-aş izgoni din necuvinte,
te-aş şterge din urme de urme.
Şi asta cu o clipa măcar înainte
ca gesturile tale să mă curme.

Din lacrimi dintr-odată te-aş smulge,
iar lacrimile din ochi le-aş scoate.
Ţi-aş striga disperată: ajunge!
Lacrimile-s deja numărate...

Îngenuncheată

Disperarea pescăruşilor
sfâşie tăcerea nisipului,
tulbură durerea resemnată a mării,
îngenuncheată
de ultimul ei ţărm.

Eu...

Pe buzele tale, eu,
mai firesc decât
frunzele, toamna, în vânt...

Hidra

Durerea se aşază
peste o altă durere,
renaşte, se reinventează.
Se hrăneşte
doar cu lapte şi miere
din cupele inimii mele.
O hidră încolăcită, hoaţă.
Trufaşă
îşi încoronează
încă un cap
în fiecare dimineaţă.
Durerea nu mă dezleagă
nici de tine, nici de viaţă,
ci mă ţine întreagă.

Iisus

Cum oare a izbutit
Iisus
să-şi ţină trupul
ţintuit de cruce,
în piroanele durerii,
smintirii,
în numele iubirii?
Eu abia mai pot
să-mi ţin sufletul
ţintuit de corp,
în piroanele durerii,
smintirii…
în numele iubirii.

În plânsul ploii

Mi-am ascuns lacrimile
în plânsul ploii.
Să nu le simți,
să nu le-auzi,
să nu le știi.
E nesfârșit deșert
acolo unde ești tu…
la celălalt capăt al lumii.

Între noi...

Între noi... Da.
Şi viaţa
în colivii de aur ne-nchidea.

Între noi... Da.
Şi moartea
doar pe noi ne ocolea.

Între noi... Nu.
E-o lume-ntreagă.
Şi eu. Şi tu!

Într-o aripă

Sunt o pasăre lăsată de soartă
să zboare
c-o singură aripă,
pe când, cealaltă
atârnă aproape moartă
și doare.

Numai că, zborul într-o aripă
cu cealaltă aripă frântă,
nu-i
decât o inutilă trântă
cu înaltul cerului.

Într-un pahar cu apă

Dacă
te-aş regăsi vreodată
într-un ultim pahar cu apă,
tot nu l-aş bea.
Nici chinuită-n delir
de setea întregii Sahare.
Aş turna cu grijă apa
în zece pahare,
toată.
Aş privi doar…
aşteptând să te recompui,
în timpul în care
Soarele ar da roată
Pamântului.

Lacul verde

Ploua ca un concert andante
cântat de-o mâna nevăzută la pian
şi-am devenit şi picături, şi plante,
fără nimic păgân, fără nimic uman.

Ne-am preschimbat ireversibil
unul în altul, în ude rădăcini
trăind acelaşi pătimaş şi pur exil,
iertând că numai tu poţi să dezbini.

Aş fi putut atunci ca verdelui din lac
să îi aduc izvor la căpătâi
şi în oştiri de picături să îl desfac.
Doar să nu pleci. Doar să rămâi.

Mamă, ...trebuie?

Mamă, băiețelul ăsta frumos mi-a furat
acuarelele şi toate creioanele de colorat.
Le-a ascuns... nici nu ştiu pe unde,
poate la spate? Unde le putea ascunde?
Iar eu, norul înalt de sus, străveziu,
cum să-l pictez şi cum să îl scriu?
Şi-n flori cum aş putea să mai picur
roşu, galben...? Cum să mă bucur
de grădina mea întinsă, care mai ieri
exploda din ierni în dulci primăveri?
Ştii? Căsuța zânelor a rămas chiar
fară culoare... o primisem în dar...
Iar marea, marea pe care o iubesc,
fără verdele ei nici n-o mai găsesc...

Mi-a *strivit corola de minuni*, mamă!
E un copil rău... sau din nebăgare de seamă?
Să mă supăr pe el şi să-l cert?
Sau să-l rog să plece... şi să-l iert?
Tu ce zici, aş putea să mai găsesc
culorile... şi înapoi să le mai potrivesc?
Sau să cresc mare, dintr-o dată, repede,
şi să uit de ele? Mamă, ...trebuie?

În zbor

După ce-am atins
norii din care-a plouat,
norii din care a nins,

După ce-a durut
ceru-n mine răsturnat
– cer luat cu împrumut,

Doamne, lasă-mă să mor
cu aripile-ntregi:
opreşte-mi inima în zbor.

Mi-e aer de tine

Mi-e aer de tine, delir,
mai mult decât dor sau sete.
Oxigenul întregii planete
n-ar ajunge să pot să respir.

Mi-e aer de tine. Şi-atât
e de crunt să-i simt lipsa în vene.
Mai vreau, până moartea se-aşterne,
tot aerul din tine să-l sărut.

Mustangii

Mustangii tineri ai vieţii sfârtecă-n copite,
în lung şi-n lat, albastră, dulce preerie.
Şi cad bucăţi din carnea pământului lovite
din zare până-n zare. Şi zarea-i sângerie.

Tiranici, răzvrătiţi, arzând în clocot,
nu se adună cuminţi, docili în herghelii.
Străbat întinderi în fierbinte ropot
şi-s liberi. Şi nestăpâniţi. Şi vii.

Mustangii vieţii – dragostea, vulcanic tumult,
ce nu se satură năvalnic să calce în picioare.
Nicicând deajuns, nicicând prea mult,
surâde blând şi-i gata oricând să ne doboare.

Nu am nevoie de oglindă

Nu am nevoie de oglindă
...nici de oglindire,
dacă imaginea mea
o laşi să se prindă
de-un colţ al inimii...
şi o fereşti de pustiire
de-a lungul unei veşnicii.

Nu privi in jos

– Nu te uita în jos! Nu, nu privi în jos!
îmi spuse cu ochi verzi copilul meu frumos.
– Vrei? Hai să ne jucam, mai bine…
Azi eu te voi da în leagăn pe tine!

Dar nu privi în jos, să nu îți fie rău.
Caută mai bine-n sus, după îngerul tău –
caută-l între nori sau pe unde o fi,
cheamă-l cum știi tu și sigur va veni!

– Copilul mei iubit, copilul meu frumos,
Cum să privesc în sus, cum să privesc în jos?
Când eu, demult, nici nu mai știu de când,
Sunt prăbușită și respir pământ…

Nu ştiu

Nu ştiu
dacă să-ţi fiu deplin sau vid...
Să te salvez?
Să te ucid?
Să te eliberez?
...în mine să te-nchid?
Să te trezesc?
Să te adorm?
Să te alung
sau să te ţin?
Să plec departe
sau să vin?
Să te zidesc?
Să te dezbin?
Să mă hrănesc cu tine
sau să te beau?

Nu ştiu
dacă să-ţi iau
ultima gură de aer
sau... să ţi-o dau.

Numele

N-am ştiut cum mă cheamă,
până să-mi spui numele,
tu.

Bolnave de zbor

În dimineața în care
păsările toate
s-au îmbolnăvit
de zbor...,
copacii au pierit
în picioare
de dor.

Toamna asta

Toamna asta...
După mine tânjeşte,
după zvâcnetul dintre tâmple
şi curgerea din vene.

Se-ascunde pe-afară,
mă ispiteşte
cu zemuri dulci, cu boabe rotunde...
şi-ar vrea să nu se mai întâmple
dorul de vară.

Alungă prea devreme
ropotul paşilor mei
care-ncep să foşnească...
Încearcă să mă ţină
şi-mi cântă să m-ademenească
în istovirea leneşă
ce-o-mparte din mâna sa fragilă
şi regească.

Sub scoarţă de copac
şi-n frunze...

şi-n crengi se-adăposteşte.
Aşteaptă să mă dezleg,
...să mă desfac.

Toamna asta…
după mine tânjeşte.

Un joc neghiob

Hai să ne jucăm un joc neghiob:
să ne prefacem
că eu sunt orabă şi tu eşti orb.
Aşa, n-ai să-mi citeşti privirea,
iar eu n-am să pot
din ochi să te sorb.
Ţi-aş auzi, însă, inima
din altă încăpere,
mi-aş zidi în palmă zâmbetul tău,
iar fiecare mângâiere
mi-aş tatua-o pe piele.
Ne-am iubi infinit, mă crezi?
Şi nu m-ar durea,
dacă-s aici
şi tu nu mă vezi…

Spirale

O pasăre
în mine creşte,
respiră,
trăieşte.
Zboară...
Se ridică la cer
în spirale.
Coboară
şi se hrăneşte
din căuşul
palmelor tale.

Îmi porți...

Ştiu că îmi porți
privirea în privire,
încă.
De-aceea nu îți laşi
ochii...
să mă plângă.

Univitelini

Nu ne-ar fi dezbinat nimeni sufletele,
cu nici un chip,
am fi respirat în acelaşi ritm,
ne-ar fi bătut inimile acelaşi timp,
dacă eram univitelini.
Noi... suntem doi străini.
Şi totuşi,
nu ne dezbină nimeni sufletele,
cu nici un chip,
respirăm în acelaşi ritm,
ne bat inimile acelaşi timp.
Când mergi pe stradă... simt!

Pe intuneric

Cerul,
c-o lacrimă aprinsă îl despic.
Să nu te stingi
în mine
...pe-ntuneric.

În cuvinte

Când ai să-mi presimți
zborul,
chiar înainte
de tremurul din aripile-ntinse,
și privirea,
chiar înainte
ochii să-i deschid…
Ce-o să mai spunem
în cuvinte?

Desculț

Aşa cum a păşit Iisus
pe calea către răstignire,
chiar dacă-i drumul
numai dus,
să mergi desculț,
tu, prin iubire.

În dulce şi sărat

Dac-ar fi curs în tine
atâta aşteptare
câtă a curs în mine…
Ooo, Doamne,
am fi fost un fluviu care,
la revărsare,
în dulce şi sărat
ar fi-necat o mare.

Pe toate mările!

Pe toate mările, că te-aş seca!
te-aş face ţărm
de aş putea.

Pe toate mările, te-aş nărui!
de n-aş ierta,
de n-aş iubi.

Până când

Până când drumul
nu piere,
până când viața
nu se curmă…
Fii tu ultimul,
iar eu…
cea din urmă.

S.O.S.

Pentru că cerul e prea înalt
îți scriu
(sau poate îmi scriu mie)
cu degetul de rouă-nsângerat:

     • • • − − − • • •

Îți scriu, cu degetul însângerat,
pe-asfalt.

Strop

Dacă m-aş fi născut
o picătură de apă,
ce să fi fost, oare?
Un fir din înalt
tors de norii scămoşi,
căzut pe asfalt?
Un strop de mare
izbit de vreun dig de bazalt,
ca un blestem
sfărâmat de altare?
Sau, poate,
o lacrimă de care
nu ţi-a fost sete,
ninsă pe obrazul tău
fără zâmbet şi fără regrete...

Aceeaşi vină

Ne-am îmbolnăvit de aceeaşi vină,
de aceeaşi frică,
am trăit aceeaşi ruină.
Am ajuns doi străini
condamnaţi într-o unică închisoare,
care, în timp, ne-a rămas mică
şi a-nceput să ne strângă
în gheare,
în menghini.
Lumea nu mai eram noi.
Lumea... era lângă.
Şi nici o bocitoare
pe-aproape,
să ne strige, să ne plângă.

Ne-am îmbolnăvit de aceeaşi vină,
de aceeaşi frică.
Ne vom stinge la fel,
deja ştii...
Cu ochii căutând cer,
cu privirea zdrelită de gratii.

Tranşee

În creier
inima mea
îşi sapă tranşee.

Aştept următoarea ninsoare

Aştept următoarea ninsoare
ca pe o albă
salvare-n uitare.

Verticală

Cade o ploaie verticală
vânătă, rece, torențială…
E zi de toamnă pur banală.

Cade o ploaie plictisită,
indiferentă, necontenită,
fară-nceput și nesfârșită.

Cade o ploaie impersonală
anostă și de sensuri goală.
E zi de toamnă pur banală.

Striviți de vitralii

În noi
s-a spart destinul în falii
şi n-am mai găsit
zborul... înapoi.
Ne-am lăsat seduşi
de aceeaşi înaltă lumină
ca fluturele lui Brâncuşi.
Şi-am sfârşit
striviți de vitralii.

Salcie

O salcie plânge până-n pământ.
Totul e-n jur arşiţă,
nesfârşit câmp.
În umbra ei duioasă,
îi cântă şi-o îngână,
de la-nceput de lume
o fântână.
Când salcia
în plânset se scutură,
fântâna coboară o ciutură,
lacrimile să i le-adune
din ochiul rotund şi rece
pentru drumeţul care va trece
pierdut de la drum,
cu sufletul praf,
cu inima scrum.

Bâlci

Mi-ai dat sufletul întreg, în târg,
pe două colorate acadele
şi ai surâs naiv, sperând
că viața e mai dulce, după ele.

La bâlci ieftin sufletul mi-ai dat
pe un bilet… în roata mică
în care nici măcar nu ai urcat
Că-ți este frică. Mereu frică.

Mi-ai dat sufletul în iarmaroc
pe un răvaş ales de papagal
Ți s-a părut un simplu joc
Căci ți-e egal. Mult prea… egal.

De dincolo de timp

Vii de dincolo de timp.
Paşii ţi-aş recunoaşte
şi-n nisip.
Şi i-aş urma
şi-n apă.
Chiar dacă
apa ţi-i îngroapă.

În milioane de frânturi

Desfă-mă
în câte milioane de frânturi vei vrea.
Mă voi alcătui
mereu
a ta.

Dog tag

Crudă desfătare ce-o simți în piept
când porți mereu pe umărul drept,
la spate sau în privirile tale,
arme ascunse sau nu, dar letale.
O forță mai grea decât cerul o simți
când pășești firesc, cu pumnalul în dinți.
Nici nu mai știi de-i lupta reală sau nu.
De data asta vânătorul ești tu.

Viața sau moartea o celebrezi
Când, rece, lângă jertfa ta îngenunchezi?
Sufletul ei s-a ridicat spre cer când
sângele i s-a scurs fierbinte-n pământ.
Nu-i privești ochii. Încă nu știi.
La fel niciodată n-ai să mai fii…
Cu o mână nehotărâtă, tremurândă
prea târziu domoală, prea târziu blândă,
iei ciobul metalic, cald încă la gât,
să știi ce-ai răpus, viața cui s-a frânt.

Răsuflarea-ți îngheață. Privești…
Un carusel dement te-nvârte. Citești.
Și-nchizi încet, dureros palma stângă…
Copacii plâng. Doar ei pot să plângă.
Și se prăvale totul. Se surpa un hău…
Ea purta la gât… numele tau.

Porțile

De-atâta ploaie,
de-atâta plâns în cer,
mi-au ruginit porțile sufletului înalte, de fier.
S-au înțepenit pe rând toate lacătele,
pe rând, toate cheile
au amuțit.
Iar poțile-s de neclintit.
Și doare
din măruntaie,
din balamale,
poarta care mi-a zidit
sufletul în mine −
închisoare.

Din frigul iernii

Mi-aş face din frigul iernii
veşmânt.
Să nu mai simt nimic.
Să ramân aşa cum sunt.

Mi-aş face din frigul iernii
pereţi.
Să mă-nconjor de uitare.
Să nu te mai repeţi.

Mi-aş face din frigul iernii
giulgiu.
Să nu mai fiu. Aşa...
N-ai să mai fii nici tu.

De veghe

Pe ghețarii albi
De veghe va arde doar
Focul durerii.

Rană pe viață

Îmi eşti rană pe viață,
o rană care nu adoarme
şi-mi rupe din suflet
până-n carne.
O plagă
pe atriul stâng,
prea adâncă s-o vindec,
prea dragă,
s-o plâng.

www.ingramcontent.com/pod-product-compliance
Lightning Source LLC
Chambersburg PA
CBHW021212020426
42331CB00003B/321